읽는 양육서 / 신앙의 기초 3

성령의 교통하심

| 이강천 지음 |

쿰란출판사

읽는 양육서 / 신앙의 기초 3

성령의
교통하심

읽는 양육서/신앙의 기초 3

성령의
교통하심

차례

프롤로그 · 7

1.__ 성령님과의 교통 _ 9

2.__ 거듭나게 하시는 성령님 _ 14

3.__ 영성생활을 도와주시는 성령님 _ 21

4.__ 거룩하게 하시는 성령님 _ 35

5.__ 사역의 능력을 주시는 성령님 _ 54

프롤로그

성령의 교통하심

- 오늘은 어디로 가나요?
- 장자도로 갈 것이네.
- 섬으로 간다고요?
- 섬은 섬이지만 이제는 다리로 연결되어서 차로 갈 수 있는 곳이야.
- 내비에는 무엇이라 검색하면 되나요?
- 그냥 장자도 치고 가면 주차장에 이를 걸?
- 알겠습니다. 오늘 다루실 주제는 무엇이지요?

- 지난 두 번에 걸쳐 축도의 내용을 깊이 알아보았지 않은가? 오늘도 이어서 세 번째 명제에 대한 이야기를 나누려고 하네. 축도 내용을 한번 같이 외워볼까?

고후 13:13 주 예수 그리스도의 은혜와 하나님의 사랑과 성령의 교통하심이 너희 무리와 함께 있을지어다

- 세 번째면 오늘은 '성령의 교통하심'이 무엇인지를 나눌 차례이군요?
- 그렇지. '성령의 교통하심'이 어떤 축복인지 알아보기로 함세.

1. 성령님과의 교통

- 먼저 "성령님이 누구인가?" 하는 것부터 이야기해 주시겠어요?
- 그럼세. 성령님은 누구라고 알고들 있는가?

성령 하나님

- 지난번에 삼위일체 하나님에 대하여 말씀하실 때 듣기는 했지만 아직도 저는 잘 모르겠습니다. '성령님은 하나님의 영이다' 그러는데 원래 하나님은 영이 아닌가요?
- 그렇지, 하나님은 원래부터 영인 분이지. 그런데 영이신 그분 본체를 하나님이라고 부른다면, 성령이라고 따로 부를 때는 지구상의 어떤 사람이건 구체적으로 오셔서 만나 주시는 영을 성령이라고 부른다네. 이 또한 신비인데, 하나님께서는 오늘 여기서 우리를 만

나시지만 동시에 인도의 어떤 사람을 만나시기도 하는 분인데 이렇게 각자에게 임하시는 영을 성령이라고 부르는 것이지. 성경에 무어라고 하시는지 찾아봄세. 예수님께서 승천하시면 성령을 보내 주신다고 약속하신 말씀이 있지. 그때 예수님께서는 그 이름을 보혜사라고 부르시면서 보혜사 성령을 보내 주신다고 하셨어.

요 14:16 내가 아버지께 구하겠으니 그가 또 **다른** 보혜사를 너희에게 주사 영원토록 너희와 함께 있게 하리니

요 14:26 보혜사 곧 아버지께서 내 이름으로 보내실 성령 그가 너희에게 모든 것을 가르치고 내가 너희에게 말한 모든 것을 생각나게 하리라

요 15:26 내가 아버지께로부터 너희에게 보낼 보혜사 곧 아버지께로부터 나오시는 진리의 성령이 오실 때에 그가 나를 증언하실 것이요

요 16:7 그러나 내가 너희에게 실상을 말하노니 내가 떠나가는 것이 너희에게 유익이라 내가 떠나가지 아니하면 보혜사가 너희에게로 오시지 아니할 것이요 가면 내가 그를 너희에게로 보내리니

- 요한복음의 말씀들을 보면 보혜사는 곧 성령인데요. 예수님이 승천하면 예수님 대신 보내시는 분인 것 같네요?

- 그렇지. 보혜사라고 번역한 단어의 헬라어 παράκλητος(파라클레토스)는 '돕는 자, 중재자, 변호자, 위안자' 등의 뜻을 가지고 있다네. 그래서 다양한 번역을 가지고 있는 영어 번역에는 다양한 단어로 번역되어 있어. 영어 번역 중에 전통적으로 권위를 가지고 있는 킹제임스(KJV) 번역에는 Comforter(위로자)로, 새로 보완하여 나온 뉴킹제임스(NKJV) 번역에는 Helper(돕는 자)로, 새 국제번역(NIV)에는 Advocate(변호인)으로 개정 영어역(RSV)에는 Counselor(상담자)로 번역되어 있거든.
- 여러 가지 뜻을 가지고 있네요? 간단하게 설명하시지, 그렇게 여러 가지 뜻이 있다고 하니까 더 어려워요! 그중에 가장 적합한 것은 어떤 것일지 하나만 선택하여 설명해 주시면 오히려 좋을 듯한데요?
- 그러니까 성령님께서는 우리의 변호인도 되시고 위로자도 되시고 상담자도 되시고 돕는 자도 된다는 것으로, 이 모든 의미를 다 포함하는 뜻으로 알고 성령님의 위로도 받고 변호도 받고 상담도 받고 도움을 받으면 되지 않겠나?
- 그렇기는 하네요?
- 내가 제일 좋아하는 번역은 Helper(돕는 자)라는 번역이라네. 우리의 연약함을 도와서 거룩한 하나님의 자녀로 살아가도록 돕는 분임을 경험하기 때문이야.
- 그러면 **성령님은 우리를 도와주시려고 우리 각자에게 찾아오시는 하나님의 영**이라고 이해하면 되겠네요?

- 맞아, 그렇게 이해하고 과연 성령님께서 우리를 어떻게 도와주시는지 알아보기로 하지.
- 네, 좋아요. 하지만 성령의 교통하심이라고 했거든요? 교통은 무슨 말이지요?

성령의 교통하심

- 교통하심이란 우리말 풀이로 하면 교제하고 소통한다는 뜻이지.
- 성령님과 대화와 소통을 갖고 교제하고 친교한다는 뜻인가요?
- 그렇지. 성경 원어로는 κοινωνία(코이노니아)로 '사귐, 친교, 교제(fellowship), 참여(participation), 나누어줌(impartation)' 등의 뜻을 가지고 있는 단어인데 서로 대화하고 소통하며 친교하는, 말하자면 함께 사는 것이 아니겠나? 내가 코이노니아란 말을 자주 썼는데, 그 코이노니아를 말하는 것이야. 그러니 이 말은 성령님과 함께 사는 삶을 축복하는 말인 셈이지. 내가 인간은 처음부터 나와 너와 하나님이 친교하며 살도록 창조되었다는 이야기를 한 적이 있고, 예수님의 십자가는 이 코이노니아를 회복시키는 은혜라고 말한 적이 있는데, 이 일이 구체적으로 우리에게 이루어지고 하나님과 더불어 누리는 친교가 있기를 축복하는 것이니, 우리가 이런 은혜의 축복을 누려야 할 것 아닌가?
- 그렇군요.
- 자, 이제 성령님께서 우리와 친교하면서 우리를 어떻게 도와주시

는지 살펴보도록 하지. 알면 알수록 이 성령님과의 교통이 얼마나 위대하고 큰 은혜요 축복인지 감격하게 될 걸세.

2. 거듭나게 하시는 성령님

- 가장 중요한 것은 죽어 있는 우리의 영혼을 살려내는 일이야. 타락하고 하나님을 상실하여 죽었던 우리의 영혼을 살아나게 하는 분이 성령님이라네. 죽은 영혼을 살려 영적인 생명을 회복하게 하는 것을 거듭나게 한다고 표현하기도 하지. 그래서 성령님은 우리를 도와주시는데 우리가 영적으로 살아날 수 있도록 도우시는 일을 하신다는 말일세.
- 죽어 있던 우리의 영을 살리는 일을 하시는데, 죽었던 영이 살아나는 것을 '거듭난다'고 표현한다는 말이지요?
- 그렇다네. 예수님께서 한번은 사람이 거듭나지 않으면 천국을 누릴 수 없다고 하신 적이 있어.

요 3:3 예수께서 대답하여 이르시되 진실로 진실로 네게 이르노니 사

람이 거듭나지 아니하면 하나님의 나라를 볼 수 없느니라

- 사실 거듭난다는 말은 두 번 태어난다는 말이거든.
- 그렇다면 한 번 태어난 사람이 다시 어머니 뱃속에 들어갔다가 다시 나와야 하나요?
- 동주가 똑같은 질문을 하네? 예수님께서 우리가 거듭나야 한다고 말씀하셨을 때에도 현장에서 직접 그 이야기를 듣고 있던 니고데모라는 사람도 그렇게 질문했다네.

요 3:4 니고데모가 이르되 사람이 늙으면 어떻게 날 수 있사옵나이까 두 번째 모태에 들어갔다가 날 수 있사옵나이까

- 그 사람도 나와 똑같은 의문을 품었던 모양이네요? 그래서 뭐라고 대답하였나요?
- 물과 성령으로 나는 것이라고 대답했다네.

요 3:5-6 ^{5}예수께서 대답하시되 진실로 진실로 네게 이르노니 사람이 물과 성령으로 나지 아니하면 하나님의 나라에 들어갈 수 없느니라 ^{6}육으로 난 것은 육이요 영으로 난 것은 영이니

- 성령으로 다시 태어난다는 것은 짐작이 가는데요, 물은 무엇이지요?
- 물은 하나님의 말씀을 비유한 것이라고 해석하기도 하고, 우리가

회개하고 예수를 믿을 때 회개의 세례를 받는데 그 물 세례를 의미하는 것으로 이해한다네. 그러니까 회개하고 성령 받아서 우리의 영이 살아난다는 뜻이겠지? 그리고 곧이어 설명하기를 "육으로 난 것은 육이요 영으로 난 것은 영이니"라고 하는 말씀을 보면 우리가 육신적으로 모태에서 나오는 출생이 한 번 있고, 두 번째는 영으로 태어나야 한다는 것이지. 영적 생명으로 두 번째 거듭남이 있어야 천국 백성이 된다는 뜻이야.

- **아, 우리가 모태에서 태어나는 것은 육신적 탄생인데 영이 죽어 있으므로 한 번 더 영적으로 태어나야 천국 시민이 된다**는 뜻이군요? 결국은 영이 살아야 한다는 것인데 영을 살리는 분이 성령님이다, 그런 말이군요?
- 완규가 정확하게 이해했네. 그리고 우리가 거듭나는 과정 하나 하나를 도와주신다는 것이네.
- 그 과정은 무엇이고 어떻게 도와주시나요?
- 그럼 그 과정에 대하여 생각해 보자고. 아까 물과 성령으로 거듭난다고 하지 않았는가? 그리고 물은 회개의 세례를 상징하는 것이라고 하였지? 그런데 이 회개의 과정에도 성령께서 도와주시지 않으면 사람이 자기가 죄인임을 깨닫지도 못하는 게 죄인의 본 모습이라네. 죄를 깨닫는 것 자체가 성령께서 도와주시는 은혜야.

회개시키는 성령님

- 죄인이 죄인인 것을 깨닫는 것부터가 성령님의 돕는 은혜를 입는 것이란 말이지요?
- 그렇다네. 내가 지난번에 회개한 간증을 했는데 기억나나?
- 네, 아버지를 미워하면서도 죄라고 생각한 적이 없는데, 요한일서를 읽는 동안 죄책감이 오고 죄인임을 깨닫고 눈물로 회개하였다는 이야기를 하셨습니다.
- 그랬지? 스스로가 죄인임을 깨닫고 인정하고 회개하는 일은 거의 불가능하다네. 죄인임을 깨닫게 도와주시는 분이 성령님이라네. 성경 요한복음에 이런 말씀이 있어.

> **요 16:7-8** [7]그러나 내가 너희에게 실상을 말하노니 내가 떠나가는 것이 너희에게 유익이라 내가 떠나가지 아니하면 **보혜사가** 너희에게로 오시지 아니할 것이요 가면 내가 그를 너희에게로 보내리니 [8]**그가 와서 죄에 대하여, 의에 대하여, 심판에 대하여 세상을 책망하시리라**

- 성령께서 오셔서 세상을 책망하시는 일을 한다고 하네요?
- 그래, 죄와 의, 심판에 대하여 책망한다고 하지 않나? 죄와 의를 구분하고 죄는 심판한다고 책망하는 것이야. 이렇게 성령께서 우리 마음속에 오셔서 죄와 의를 구분하고 심판에 대하여 책망해 주시는 그 감동의 역사로 우리가 회개에 이를 수 있도록 도와주시

는 것이라네.
- 지난번에 선생님이 죄의 깊이, 즉 마음에 품기만 한 죄도 죄라는 말씀 하실 때 저도 죄인인 것을 깨닫게 되었고, 양심이 괴로워하다가 선생님의 기도 인도를 받아 따라서 고백하고 죄에서 해방된 경험을 했는데요, 그때도 성령님이 내게 임하여 도와주신 것이군요?
- 그렇다네. 성령님이 역사하시지 않으면 죄인이 죄인인 줄 깨닫지도 못하고 회개에 이르지도 못한다네. 그런데 성령님께서 오셔서 깨우치시고 회개할 수 있는 마음으로 이끌어 주신다네.
- 그러면 우리도 벌써 성령님의 은혜를 받은 것이네요?
- 그렇지? 회개에 이르게 하시고 성령님은 우리에게 믿음을 도와주시지.
- 믿음을 도와주신다는 것은 무슨 말인가요?

믿음을 도와주시는 성령님

- 이보게 자네들, 자네들이 예수 믿게 된 것은 기적이라네. 예수님이 우리의 구주와 주가 되신다는 것을 믿는 것, 그래서 하나님이 나의 아버지가 된다는 믿음을 갖게 되었다는 것 자체가 기적이고 그것이 성령님의 은혜라네. 그게 그냥 믿어지는 게 아니야.
- 맞아요. 예전에는 하나님을 아무리 설명해도 안 믿어졌지요. 그런데 어느 순간 그냥 믿어지던데요?

- 그게 성령님이 믿음을 가질 수 있도록 감동하여 도와주신 것이라네. 성경은 이렇게 말하지.

> **요 15:26** 내가 아버지께로부터 너희에게 보낼 **보혜사** 곧 아버지께로부터 나오시는 진리의 성령이 오실 때에 그가 나를 증언하실 것이요

- 이게 무슨 말씀인가요?
- 성령이 오셔서 예수님을 증거해 주신다는 말씀이지, 무슨 말이겠나?
- 성령께서 예수님을 증거한다고요?
- 이걸 개인적으로 이해하면, 성령께서 내게 오셔서 예수님이 나의 구주와 주가 되심을 증거해 주시므로 내가 믿지 못하던 것을 뛰어넘어 확신을 갖도록 도와주신다는 말이지. 그리고 다른 곳에 이런 말씀도 있어.

> **롬 8:16** 성령이 친히 우리의 영과 더불어 우리가 하나님의 자녀인 것을 증언하시나니

- 성령께서 우리 영에게 오셔서 '너는 하나님의 자녀다' 그렇게 증언하심으로 우리가 하나님의 자녀라는 확신을 갖도록 도와주신다는 말씀인 모양이네요?
- 그렇지. 그래서 우리가 회개하도록 이끄시고 예수님을 구주로, 하

나님을 아버지로 믿게 도와주시면서 우리의 죽은 영을 살려주심으로 우리가 거듭나서 하나님의 자녀로 살아가도록 도와주시는 분이 성령님이라네.
- 회개하고 예수 믿는 것 자체가 성령님의 은혜로 이루어지는 것이네요?
- 그렇다네.
- 성령님의 은혜 없이는 아무것도 안 되겠군요?
- 그렇다네. 이제 우리가 믿는 자로 하루하루 살아가는 것, 즉 우리의 영성생활도 성령님이 도와주시고 이끌어 주신다네.

3. 영성생활을 도와주시는 성령님

- 성령께서 어떻게 우리의 신앙생활 또는 영성생활을 도와주시나요?
- 우리의 영성생활이 어떻게 이루어지는 것 같은가?
- 그렇게 질문하시면 어려워요. 우리 같은 초신자에겐 어려운 질문이네요.
- 그런가? 말씀과 기도로 이루어지는 것이 기본이지? 성경을 통하여 하나님의 말씀을 이해하고 하나님의 뜻과 마음을 알아차리고 따르고 순종하는 삶이 되어야 하고, 기도하면서 하나님과 소통하고 하나님께 부탁하고 하나님의 응답과 인도를 받기도 하고 그러면서 신앙생활과 영성생활이 이루어지지?
- 그렇다면 성령께서 성경을 깨우치거나 가르쳐주시는 모양이네요?

말씀을 가르쳐주시는 성령님

- 그렇다네. 성령께서 말씀을 깨닫도록 도와주시고 가르쳐주신다네. 우리가 계속 인용하고 있는 요한복음의 보혜사에 대한 말씀에도 이렇게 말하고 있지.

    > 요 14:26 보혜사 곧 아버지께서 내 이름으로 보내실 **성령** 그가 너희에게 모든 것을 가르치고 내가 너희에게 말한 모든 것을 생각나게 하리라

    > 요 16:13 그러나 **진리의 성령**이 오시면 그가 너희를 모든 진리 가운데로 인도하시리니 그가 스스로 말하지 않고 오직 들은 것을 말하며 장래 일을 너희에게 알리시리라

- 성령께서 가르치시고 진리 가운데로 인도하신다고 하네요?
- 그렇지? 우리가 말씀을 깨닫고 알게 되는 것이, 성령님의 도움을 받을 때 가장 선명하게 깨닫고 감동받으며, 그 말씀의 진리가 내게 다가와 나의 삶을 진리 가운데로, 말씀 가운데로 이끌어 주신다네. 그래서 박사님보다도 때로는 겨우 한글 깨친 할머니가 성경 말씀의 깊이를 더 깨닫는 경우도 있다네.
- 말씀을 깨닫는 지식은 단순한 인간의 지적 능력만으로 깨닫는 게 아니고 성령님이 도와주셔야 영적 진리를 바로 알게 되는 모양이

네요?
- 그런 셈이지. 물론 우리에게 주신 이성 또는 지성을 사용해서 깨달으려 하여 공부하고 연구하는 자세는 좋은 것이지만 우리의 지성 수준에서 성경이 깨달아지기보다 성령의 감동을 따라서 깨달아지고 또 나 개인에게 하나님의 음성으로 들려지게 하는 것은 성령께서 함께하시어야 하는 것이지.
- 아직 성경을 많이 읽지는 않았지만 그동안에도 '아하' 하고 깨달아지는 순간들, 희열이 있었는데 성령께서 도와주신 것이네요?
- 맞아, '아하' 하고 깨달아지게 하는 성령의 은혜의 역사를 경험할 때는 감동과 감격이 있지.
- 선생님, 성령께서 성경을 깨닫게 하는 감동적인 간증은 없으신가요?
- 글쎄, 구분 가는 사건처럼 이야기하기가 좀 어렵기는 하지만 간증하자면 많지. 그중 내 인생에 가장 영향을 많이 준 말씀은 창세기 12장 1-3절 말씀인데, 예수님을 만나 거듭난 후 이 말씀을 읽을 때 "네게 복을 주어"라는 말씀이 갑자기 살아 내게 들리는 음성처럼 다가오던 기억이 있어.

창 12:1-3 [1]여호와께서 아브람에게 이르시되 너는 너의 고향과 친척과 아버지의 집을 떠나 내가 네게 보여줄 땅으로 가라 [2]내가 너로 큰 민족을 이루고 **네게 복을 주어** 네 이름을 창대하게 하리니 **너는 복이 될지라** [3]너를 축복하는 자에게는 내가 복을 내리고 너를 저주하는 자

에게는 내가 저주하리니 땅의 모든 족속이 너로 말미암아 복을 얻을
것이라 하신지라

- 초신자 때니까 그 수준에 맞게 깨닫게 하시는 것 같더라고. 아브라함에게 하신 말씀이고 어려운 말씀들이지만, 궁핍하고 병들고 무학이고 절망적인 시절에 이 말씀이 나에게 말씀하는 것처럼 다가왔어. "너는 이제 죄에서 벗어나서 내 아들이 되었다. 내가 네게 복을 줄 것이다. 너는 축복의 아들이 되었단 말이다." 이렇게 다가와서 내게 엄청난 희망을 일으키더라고. 그런데 몇 년이 지나서 다시 이 부분을 읽는데 정말 엄청난 진리를 깨닫게 하시는 거야.
- 무슨 진리인데 그렇게 엄청나요?
- 이번에는 "너는 복이 될지라" 하는 부분의 말씀이 깨달아졌지. 내가 복을 받는다는 정도가 아니라 이제는 복이 되어 사는 인생이 되게 한다는 것이고, 그렇게 사는 것이라고 깨닫게 하더라고. '아하, 내 인생은 무엇을 먹을까 무엇을 마실까 무엇을 입을까 걱정하는 정도의 인생이 아니구나. 누군가에게 다른 이에게 복이 되는 인생이구나', 그렇게 깨달아지게 하시는 거야. 그때부터는 배가 고파도 기도가 달라지더라고.
- 기도가 어떻게 달라져요?
- 이전에는 "하나님, 저 배고파요, 먹을 것 좀 풍성하게 해 주세요" 그리 기도하였는데, "하나님, 제가 지금은 배가 고프지만 장차 배고픈 사람을 먹이며 살 수 있게 해주세요" 그렇게 바뀌더라고.

- 복이 되는 과정으로 기도가 먼저 가는 거군요?
- 그랬어. 그래서 나는 먹고 사는 현실의 문제에 묶여 살지 않고 비전과 사명에 살아가는 인생을 살게 된 것 같아. '생존을 넘어 비전과 사명의 세계로' 진입하게 된 것이야. 그런데 신학교 3학년 때 같은 창세기 그 부분을 읽고 있는데, 또 '아하' 하는 깨달음을 주시는 거야. "땅의 모든 민족이 너로 인하여 복을 얻게 될 것이 아니냐?"라는데 복이 되는 범위가 엄청 크더라는 것이야. 이때 깨달아지는 것은, 타락한 사람들 가운데 아브라함을 불러 내시면서 하나님의 마음속에는 아브라함과 그 후손들을 통하여 천하만민 모든 민족을 다 구원할 계획을 세우신 하나님의 마음이 깨달아지고, 나의 인생도 그 모든 민족을 구원하려는 하나님의 마음을 품고 사는 것이로구나 하는 깨달음이었지. 그래서 내 기도가 또 넓어지더라고.
- 어떻게 넓어지는데요?
- "하나님 아버지, 모든 민족을 구원하시고 복 주시기를 원하시는 하나님, 저를 그 큰 계획 안에서 사용하여 주옵소서. 제가 세계적인 사역자가 되도록 하겠습니다. 천하만민을 구원하는 일, 선교하는 일에 헌신하겠습니다." 그렇게 기도하게 되었지.
- 그래서 선생님은 선교사가 되셨나요?
- 아니, 선교사는 되지 않았어. 그런데 선교사들이 은혜 받게 하는 선교사 수련회 강사로 쓰시더라고. 평생 100번 넘게 선교사 수련회 강사로 섬기며 세계를 다니며 사역했다네.

- 그럼 100번 넘게 세계여행을 하셨다는 이야기도 되지 않아요?
- 그렇지.
- 우와, 부럽다. 저는 아직 우리나라 밖으로는 한 번도 여행을 못해 보았는데 100번이나요?
- **사람은 비전만큼 살고 기도만큼 이루더라고.** 말씀을 통하여 하나님이 천하만민을 구원하시고 복을 주시기 원하시는 것을 깨닫고 하나님 뜻대로 살기로 하니까, 그렇게 인도하시고 세계적으로 일하게 하시더라니까?
- 사람은 비전만큼 살고 기도만큼 이룬다고요? 멋진 말 같은데 좀 설명이 필요할 것 같은데요?
- 하나님의 말씀이 내게 다가와 나의 비전이 되고 그 비전을 이루려고 기도하면 그렇게 살게 되더라는 말일세.
- 하나님 말씀에서 발견하는 비전이 중요하겠군요?
- 물론이지. 내가 그리는 나의 꿈도 나쁜 것은 아니지만, 그보다는 하나님이 깨우쳐 주셔서 갖게 되는 비전은 더욱 강력한 힘이 있거든. 자네들에게도 '아하' 하는 깨달음을 주시고 하나님이 원하시는 방향으로 인생을 인도할 것을 기대하네.
- 네, 그리 되어야 하겠습니다.
- 그래서 성경을 읽을 때 "성령님, 깨닫게 도와주세요" 그렇게 기도하면서 읽으면 좋지.
- 성령님께서 성경 말씀을 깨닫게 하는 은혜를 기대하고 기도하며 성경을 읽고 묵상해야 하겠군요?

- 그렇지? 성령께서는 특히 보편적인 말씀에서 각자에게 적용하는 말씀으로 깨달음을 주신다네. 마치 지금 내게 말씀하시는 것처럼 다가오게 하시는 것이지.
- **말씀이 나에게 현재적으로 들리게 살아 있는 말씀으로 다가오게 하는 것이 성령의 은혜로군요?**
- 그렇다네. 그러니 성경을 읽고 연구하거나 묵상할 때마다 성령의 도우심을 기도하면서 읽고 묵상하여야 한다네. 그리고 성령께서는 우리의 기도생활도 도와주셔.
- 기도도 성령께서 도와주신다고요?

기도를 도우시는 성령님

- 그렇다네. 기도하는 일도 성령께서 도와주시고 우리를 더 깊은 기도 가운데로 이끌어 주시는 분이 성령님이라네. 성경은 성령께서 우리를 위하여 탄식하며 기도하시는 분이라고 가르쳐 주기도 한다네.

> **롬 8:26-27** [26]이와 같이 **성령도 우리의 연약함을 도우시나니** 우리는 마땅히 기도할 바를 알지 못하나 오직 성령이 말할 수 없는 탄식으로 우리를 위하여 친히 간구하시느니라 [27]마음을 살피시는 이가 성령의 생각을 아시나니 이는 **성령이 하나님의 뜻대로 성도를 위하여 간구하심이니라**

- 우리가 마땅히 기도할 바를 알지 못할 때 성령께서 아예 탄식하며 우리를 대신하여 기도한다는 모양이네요?
- 성령께서 드리는 우리를 위한 기도, 그 기도로 이끌림을 받으면 우리의 기도가 훨씬 합당하고 적절한 기도가 되지 않겠나? 성령께서 드리는 기도는 성도를 위하여, 즉 우리를 위하여 기도하면서도 하나님의 뜻대로 기도한다고 하지 않나?
- 아하, 우리가 기도할 바를 알지 못한다는 것은 내 욕심대로만 기도하지 하나님의 뜻을 잘 모르고 일방적으로 부르짖는 경우가 많은데, **성령께서는 하나님의 뜻에도 맞추고 우리의 최상의 것도 아시고 중재하듯** 기도하는군요?
- 그렇지. 사실 우리가 기도하는 것은 우리를 위한 최상의 것인지도 모르고 욕심대로 달라고 하는 경우도 많을 거야. 그러니 성령 안에서 기도하게 되는 것이 은혜이지. 그래서 성경은 자주 성령 안에서 또는 성령으로 기도하라고 권면한다네.

> **엡 6:18** 모든 기도와 간구를 하되 항상 **성령 안에서 기도하고** 이를 위하여 깨어 구하기를 항상 힘쓰며 여러 성도를 위하여 구하라

> **유 1:20** 사랑하는 자들아 너희는 너희의 지극히 거룩한 믿음 위에 자신을 세우며 **성령으로 기도하며**

- 내가 예수 믿고 나서 지금까지 신앙생활 한 것을 돌아보면 과연 기도하는 일이 성령의 은혜였음을 부정할 수 없게 된다네.
- 구체적으로 어떤 점이 그런가요?
- 예수님을 만나고 나니 기도하고 싶어지더라고. 하나님을 더 깊이 만나고 싶은 갈증을 느끼게 되었지. 그래서 점점 기도하는 일이 즐거워지고 말이야. 자네들은 지금 초신자 시절을 보내고 있는데 막 기도하고 싶어지지 않던가?
- 네, 조금은 느낍니다.
- 열심히 기도하는 시간을 갖고 하나님과 교통하도록 하게나. 나는 그때 내 또래이며 교회 다닌 지도 비슷한 친구 두 명과 죽이 맞아 매주 목요일 밤마다 망심산이라고 하는 가까운 산에 올라 밤새도록 부르짖고 기도하던 추억이 떠오르네.
- 밤새도록 무엇을 부르짖고 기도하셨나요?
- 글쎄 꼭 집어서 무엇을 기도했다고 말하기는 뭐하나, 하여튼 밤새워 기도해도 즐겁기만 했던 것은 성령께서 도와주시고 이끌어 주셨던 게 아닌가 싶어. 주된 내용은 우리가 청소년 시절, 청년 시절이었으니까 우리의 장래 희망을 위하여 많이 부르짖었지.
- 장래 희망을 위하여 부르짖어 기도했다고요?
- 우리는 그때 6.25를 겪은 세대로 모두 시골 가난뱅이들이었거든. 셋 다 초등학교 졸업하고는 중학교도 못 간 형편들이어서 별로 소망 없이 지내던 시절인데, 하나님께 부르짖으며 희망이 불타올랐지. 밤새워 기도할 수 있고 부르짖을 수 있었던 것이 아무래도 성

령님이 그렇게 감동하시고 붙들어 주시고 힘을 주신 것이 틀림없거든.

- 장래 희망을 위하여 부르짖었다고 하시는데, 좀 더 구체적으로 어떤 말과 내용이었는지도 말씀해 주실 수 있으세요?
- 안 될 게 무엇인가? "오 하나님, 우리는 중학교도 못 가고 배운 게 없어 장래에 기대할 만한 희망이 없습니다. 그러나 이렇게 좌절할 수 없습니다. 우리에게 길을 열어 주시옵소서. 지금은 가난하게 살고 우리 생존조차도 염려 걱정되는 형편이지만 하나님 복 주셔서 넉넉하게 하시고 많은 사람 도와주며 살 수 있게 하여 주옵소서. 공부할 길도 열어 주시고 출세할 길도 열어 주시되 어찌되든 복을 나누어 주며 살 수 있게 이끌어 주옵소서." 이런 내용으로 기도하는데 성령께서 함께하시는지 기도하면 할수록 힘이 나고 기도의 불이 타오른다고 표현할 수 있을 만큼 불타는 기도가 반복되었지. 아무리 생각해도 그렇게 밤새워 부르짖고 기도한다는 것 자체가 성령님의 도와주시는 은혜가 아니었나 싶어.
- 그렇게 기도함으로 어떤 길들이 열리던가요? 사실 저도 답답하게 살아오고 있었거든요?
- 완규도 동주도 예배당에 매일 올라가서 부르짖어 기도하게나. 성령께서 힘 주시고 이끌어 주시는 경험을 하게 될 것일세. 그렇게 힘을 얻게 되니 독학할 의지가 생겨 세 사람 모두 독학이라도 열심히 노력하는 청년들이 되고, 나중에 보니 다 훌륭한 인생을 살게 되더라고.

- 기도는 곧 인생이니까요!
- 아니 동주가 명언을 하네. 어떻게 그런 명언이 나오나?
- 그리스도인에게는 기도가 곧 삶인 것 같아요. 기도하는 대로 살아가게 될 것이라는 것이지요.
- 맞아, 기도가 곧 그 사람의 삶이야. 우리는 또 성령 충만하게 해 달라고 주로 부르짖었던 것 같아.
- 성령 충만은 무엇인데요?
- 성령 충만이 무엇이라고 설명할 수는 없었고, 하여튼 우리 모두가 성령의 은혜 안에 완전히 잠기어 살고 싶었던 것이야. 그런데 그렇게 기도할 수 있었던 것 자체가 성령께서 함께하시고 도와주신 것이라고 생각되거든.
- 우리는 산에서 기도한다는 것은 엄두도 못 내고, 이 도시에서 산을 찾아가기도 그렇고요. 또 산에서 부르짖으면 혹시 미친 사람들로 오인되어 잡혀 갈 것 같기도 하고요? 그때 선생님은 시골에 사신 것이 복이었네요?
- 그럴지도 모르지. 자네들 산에 가서 부르짖어야만 되는 것은 아니야. 도시에서는 예배당이 가까이 있지 않은가? 예배당에 수시로 아니면 새벽이든 저녁이든 시간을 정해 놓고 뜨겁게 기도하면 돼. 마침 완규와 동주가 이렇게 함께하게 되었는데, 둘이 함께 산 기도하는 심정으로 예배당 기도를 해보면 어떻겠나?
- 네, 그것 좋겠네요?
- 함께하면 훨씬 힘이 나지. 이야기 하나 더 해주고 싶은데, 내가 밀

양교회에서 목회를 할 때 10일간 기도원에 들어가서 금식하며 기도한 적이 있는데, 금식 7일째가 되자 교회 남녀 청년들 일곱 명이 자기들도 3일 금식기도를 함께하겠다면서 들어왔지.
- 10일씩이나 금식을 해요?
- 금식기도는 쉽지는 않지. 그러니까 자주 하는 것은 아니야. 특별한 기도제목이 있거나 어떤 계기를 만들어야 할 때 하나님께 집중하기 위하여 하는 것이지. 자네들 처음부터 금식기도 한다고 덤비지는 않아도 되니 걱정 말게. 하여간 3일 금식하겠다고 들어온 청년 중에 한 여자 청년은 3일간 금식하며 기도하는데 참 이상하다는 것이야.
- 뭐가 이상하대요?
- 자기는 자기의 장래 문제, 또 결혼에 관한 문제 등 자기 기도제목으로 기도하려고 들어왔는데, 기도하다 보면 어머니의 구원 문제를 위하여 기도하고 있더라는 것이야. 기도의 방향이 그쪽으로 자꾸 간대.
- 원래 어머니 구원 문제로 기도를 시작한 것이 아닌데 기도하다 보면 그 기도를 하고 있더라는 것이지요?
- 그랬대. 자기가 그렇게 어머니 구원 문제를 위하여 간절히 기도해 본 적이 없는데, 이때는 어머니 구원 문제를 위하여 간절히 눈물로 기도하게 됐다는 것이야. 그래서 내가 격려해 주었지. "자네의 기도제목보다 더 긴급한 것이 어머니 구원 문제이고, 아마도 하나님께서 어머니를 구원으로 이끄시려는 때가 가까워진 모양이네.

그러니 더욱 감사함으로 간절히 기도하고, 내려가면 어머님께 예수 믿자고 권면해 보게."
- 그래서 어찌 되었는지요?
- 그가 사흘 금식 기도를 마치고 내려와서 어머님께 예수 믿고 교회 다니자고 권했더니, 예수 이름만 나와도 역정 내던 어머니가 달라졌다는 것이야.
- 어떻게 달라졌는데요?
- "그러지 않아도 요 며칠 사이 나도 너 따라 예수 믿고 교회 다닐까 하는 생각이 갑자기 들어오더라. 이상한 일이지?" 그렇게 말하더라는 것이야. 그래서 당장 오는 주일부터 교회 가자고 주일날 교회로 인도하여 와서 등록하더라고.
- 하나님은 기도를 하도록 도우시고 또 응답하시는군요?
- 아마도 성령께서 그렇게 인도하시는 것이 아니겠나? 우리가 열심히 기도의 자리로 나아가면 성령께서 우리의 기도를 적절히 도와주시고 인도해 주신다고 나는 믿네.
- 이보게 동주, 우리도 서로 격려하며 아까 이야기한 대로 예배당에 매일 나와 기도하기로 작정할까?
- 좋아요. 저녁마다 8시에서 9시까지 기도하기로 하지요?
- 오케이, 좋았어. 기도의 세계로, 하나님께 더 가까이, 깊이 나아가는 거야.
- 자네들 작정하고 기도한다는 것 보니 기대되네. 엄청난 은혜의 세계, 긍정적 에너지가 넘치는 경험을 하게 될 것일세. 특히 성령 충

만하여 성령님과 교통하는 은혜가 풍성하게 해 달라고 기도들 하게나.

- 선생님, 장자도 주차장에 다 왔습니다.
- 응, 여기 주차하고 장자봉이라는 산으로 오를 것이야. 왼쪽 길로 올라감세.
- 그리 높지는 않지만 바다가 보이는 산행이네요?
- 그렇지? 자네들, 산 아래서는 보기 힘든 환상적인 아름다움을 오늘 이 산에서 경험하게 될 것일세. 육신적으로 높은 산에 자주 다니는 것도 체력 단련과 정신적·심미적으로 많은 유익이 있는데, 영적인 등산도 열심히 하게. 높은 산에 오를수록 신비한 풍경을 만나듯이, 기도를 많이 하고 영적으로 높은 수준의 신앙생활을 하게 되면 정말 감격스러운 삶을 누리게 될 것이네. 이제 올라가면서 영적 삶의 수준 높은 이야기를 더하세.

4. 거룩하게 하시는 성령님

- 우리가 성령님과 교통하여 성령님의 은혜 안에 살아야 하는 이유는 더 깊고 더 높고 더 큰 이유가 있다네.
- 더 깊고 더 높고 더 큰 이유라니요?
- 우리가 하나님의 자녀라면 더 이상 죄를 짓지 말고 하나님을 닮은 삶, 거룩한 삶을 살아가야 하지 않겠나?
- 물론 그러겠지요?
- 그런데 그러한 거룩한 삶이 성령님의 도우심 없이는 불가능하다는 말이야. 그래서 우리는 더욱 적극적으로 기도하고 성령 충만하여 죄를 이기고 사랑의 능력으로 살아야 하거든.
- 죄를 이긴다고요? 죄를 전혀 안 짓고 살 수 있다는 것인가요? 죄를 지어도 끝없이 용서해 주시는 하나님의 은혜로 사는 게 아니에요? 죄를 안 짓고 살 수도 있나요?

죄를 이기게 도와주시는 성령님

- 동주 이야기처럼 하나님의 사랑과 예수님의 은혜는 우리가 아무리 죄를 지어도 끝없이 용서하는 사죄의 은혜로 우리를 대하시는 것이 맞아. 그러니 신앙생활 중에 혹시 죄에 넘어가 죄를 범하게 되더라도 물러가 절망에 빠져 하나님께로부터 멀리 가면 안 되네. **언제라도 돌아오면 하나님의 사랑은 받아주는 사랑이요, 언제라도 회개하면 용서하는 게 예수님의 은혜라네.** 죄를 이기게 도와주시는 성령님의 은혜를 이야기하기 전에 이점은 분명히 해 두고 싶군. 이미 "주 예수 그리스도의 은혜"와 "하나님의 사랑"이라는 주제를 다룬 바와 같이 **하나님의 사랑은 끝없는 용납이요, 예수님의 은혜는 끝없는 용서라네.** 그러니 혹시 죄를 짓는다 해도 죄책감에 사로잡혀 물러가면 안 된다네. 여전히 하나님께 돌아오고 예수님의 이름으로 회개해야 하지. 그리고 하나님의 사랑의 품에 안겨야 한다네. 이점을 확신하기 위하여 종교개혁자 마틴 루터가 경험했다는 이야기를 나누어야 하겠군.
- 종교개혁자 마틴 루터요?
- 그래, 마틴 루터가 누군지 들어 보았지?
- 네, 세계사 공부할 때 들어보았습니다.
- 그래, 그때 마틴 루터가 당시의 교회 부패를 지적하고, 회개를 촉구하며 성경적인 교회가 되게 해야 한다고 외치고 있었거든. 그렇다면 사람을 타락시키고 교회를 타락시키는 데 열심인 마귀 사탄

의 입장에서 마틴 루터가 미운 털이 박힌 사람 아니겠나?
- 선생님, 마귀는 무엇이고 사탄은 무엇인가요?
- 아, 내가 초신자와 이야기하고 있다는 것을 또 잠시 잊었군. 인간을 타락시키고 교회를 타락시키는 악한 영을 마귀 또는 사탄이라고 부른다네. 지난번 첫 만남에서 한번은 간단히 이야기한 적 있을 텐데?
- 아, 뱀 이야기할 때 언급한 게 기억나네요? 그렇다면 마틴 루터가 마귀에게는 성가신 존재가 되었겠군요?
- 그렇지? 그래서 마귀가 마틴 루터를 좌절시키려고 찾아왔던 모양이야. 한번은 마틴 루터가 기도하고 있는데 그 앞에 마귀가 나타났대. "루터야, 보아라. 이게 다 너의 죄가 아니더냐? 너도 이렇게 더러운 죄인인데 무슨 낯짝으로 다른 사람의 죄를 지적하고 회개하라고 하느냐? 네가 교회를 개혁한다는 게 가당하기나 하냐?" 그러면서 마틴 루터가 몇 년 몇 월 며칠 몇 시, 시간과 장소까지 기록한 죄의 리스트를 쫙 펴서 보이더라는 것이야.
- 루터가 기가 죽었을 것 같군요?
- 굉장한 충격을 받았대. 그래서 처음에는 당황스러워하면서 떨다가 믿음으로 선포하였다네.
- 무엇을 선포해요?
- "이 더러운 마귀야, 너는 할 일이 그렇게도 없더냐? 남의 죄의 리스트나 작성해 가지고 다니고 말이야. 맞다, 그게 다 내가 지은 죄들이다. 그런데 빠진 게 있구나. 내가 불러주는 말을 맨 밑에 적어

라. '이 모든 마틴 루터의 죄를 예수의 피로 씻었느니라.' 내가 예수 이름으로 명하노니 너 마귀는 썩 물러가라." 그렇게 외쳤더니 마귀가 사라지더래.
- 히야, 통쾌하군요? 예수님의 은혜에 대한 확신으로 승리했군요?
- 그렇다네. 자네들 살다가 반복되는 죄에 대하여 죄책감에 시달릴 때가 있을지 몰라. 그렇지만 절대로 예수님의 사죄의 은혜에서 떨어지지 말게. 그러나 이것 한번 생각해 봐.
- 무얼 생각해요?
- 용서받고 또 죄짓고, 용서받고 또 죄짓고 이렇게 끝없는 용서의 은혜를 누리며 사는 것도 귀한 일인데, 만일 우리가 더 이상 죄짓지 않고 사는 은혜를 누린다면 어떠할까?
- 죄 안 짓고 사는 은혜가 있다면 그게 낫겠지요?
- 성경도 그렇게 말한다네.

롬 6:1 그런즉 우리가 무슨 말을 하리요 은혜를 더하게 하려고 죄에 거하겠느냐

- 말하자면 우리가 죄를 한 번 더 짓고 회개하여 용서의 은혜를 받으려고 죄에 거하는 삶을 살 수는 없는 것이라는 말 같은데요?
- 그렇지. 여러 번 죄를 지어도 회개하는 한 다시 용서의 은혜를 받는 것은 사실이지만, 그 용서의 은혜를 더하고 보태려고 죄를 짓고 살아서야 안 되지 않느냐는 말이지.

- 그러니까요? 죄를 안 지을 수 있으면 안 지어야지요?
- 바로 그 죄를 안 지을 수 있게 도와주시는 은혜가 성령의 은혜라네.
- **예수님의 은혜는 끝없는 용서의 은혜요, 하나님의 사랑은 끝없이 받아 주는 사랑인데, 성령님의 은혜는 더 나아가 죄를 안 지을 수 있게 도와주시는 은혜란 말이지요?**
- 바로 그 말이야.
- 그렇다면 그 은혜를 받아야지요!
- 그래야 되지 않겠나? 사실 로마서를 보면 바울 사도도 끝없이 반복되는 죄로 인하여 심각한 고민을 한 것으로 기록되어 있다네.
- 바울 사도가 누구인데요? 종교개혁자 중 하나인가요?
- 아이고 동주야, 바울 사도는 종교개혁자 중 하나가 아니라 성경에 나오는 인물이야.
- 완규 말이 맞지. 이거 정말 초신자들과 이야기를 하는 게 쉽지 않네. 사도행전을 읽으면 바울 사도가 누군지 알게 될 것인데 차츰 알기로 하고 하여튼 로마서로 가보자고.

롬 7:19-24 [19]내가 원하는 바 선은 행하지 아니하고 도리어 원하지 아니하는 바 악을 행하는도다 [20]만일 내가 원하지 아니하는 그것을 하면 이를 행하는 자는 내가 아니요 **내 속에 거하는 죄니라** [21]그러므로 내가 한 법을 깨달았노니 곧 선을 행하기 원하는 나에게 악이 함께 있는 것이로다 [22]내 속사람으로는 하나님의 법을 즐거워하되 [23]내 지체 속에서 한 다른 법이 내 마음의 법과 싸워 내 지체 속에 있는 죄의 법으로 나를 사로잡는 것을 보는도다 [24]오호라 나는 곤고한 사람이로다 이 사망의 몸에서 누가 나를 건져내랴

- 무슨 말씀인지 어려운데요?
- 동주는 이 말씀을 이해하기가 어렵다는데 완규도 어려운가?
- 네, 저도 무슨 말인지 감이 안 옵니다. 다만 맨 첫 부분에 자기가 선하게 살고 싶어하고 선한 행위를 원하면서 실상은 악을 행하는 모순이 자기 안에 있다고 하는 것 같습니다만.
- 맞아, 완규가 잘 본 거야. 그리스도인은 선하게 살아야 하고 선하게 살고 싶은데도 실제는 악을 행하게 되어 악에게 지는 모순된 삶에 갈등을 느끼는 것이야.
- 그런데 죄를 짓는 것은 자기가 아니라 자기 속에 거하는 죄라고 하는데요, 사람 속에 거하는 죄가 무엇이지요?
- 여기 법이라고 표현했는데, 어떤 구속력을 가진 세력이 자기 안에서 자기의 마음과 싸워 자기의 마음을 이기고 죄를 짓게 하고 있는 것이 아닌가 싶다는 말이야.
- 무슨 죄의 세력이 작동하고 있고, 그 죄의 세력을 이기지 못하여 죄를 짓고 있는 자신을 보고 탄식하는 것이로군요?
- 이번에는 동주가 정확하게 깨닫는 것 같네? 바로 그거야. 죄의 세력이 있고 자기 마음은 선을 행하고 싶은데 죄의 세력이 자기 마음을 사로잡아 죄짓게 한다는 것이야.

- 그러면 어떻게 해요? 죄의 세력을 이기는 것이 과제인가 본데, 어떻게 하면 이기나요?
- 그 점도 바울 사도가 경험하고 가르쳐 준다네.
- 어떻게요?
- 자네들 정말 이 죄의 세력을 이기는 은혜를 받아야 한다네. 로마서 8장에서 말하고 있어.

> **롬 8:1-2** ¹그러므로 이제 그리스도 예수 안에 있는 자에게는 결코 정죄함이 없나니 ²이는 그리스도 예수 안에 있는 **생명의 성령의 법이 죄와 사망의 법에서 너를 해방하였음이라**

- 생명의 성령의 법이 죄와 사망의 법에서 너를 해방하였다고 하는데요?
- 이 말은 우선 정죄의 법 아래 있지 아니하고 사죄의 은혜 아래 있다는 것을 포함하고, 생명력이 있는 성령으로 말미암아 죄의 세력에서도 이기게 하는 은혜 아래 있다는 것을 말하는 것이 아니겠나? 그래서 성령이 계신 곳에 자유가 있다고 말하고 있다네.

> **고후 3:17** 주는 영이시니 주의 영이 계신 곳에는 자유가 있느니라

- 그러니까, 성령께서 도와주시면 그 은혜의 능력으로 말미암아 죄의 세력을 이기고 자유케 되어 죄를 짓지 않는 능력을 누린다는

것인가 보네요?
- 그렇다네. 내가 아버지를 미워하여 얼굴도 마주하지 않으려고 할 때는 사실 미움이라는 죄의 세력에 내가 묶여 있던 것이나 다름 없었지. 그런데 성령께서 나를 회개시키고 사죄의 은혜를 확신케 하실 뿐만 아니라, 죄의 세력에서조차 해방시켜 내가 아버지께 마주하여 나갈 자유를 누리고, 아버지께 용서를 구하는 말을 할 자유를 누리고, 아버지를 더 이상 미워하지 않고 사랑할 자유를 누렸던 것이야. 내가 밀양에서 목회할 때 한번은 늦은 오후에 누가 예배당 안에서 울면서 기도하는 소리를 듣게 되었어. 그러나 기도를 방해하지 않으려고 가보지는 않았지. 그런데 조금 있으니 기도를 끝내고 나오는데 보니까 한 여고생이었어.
- 고등학생이 무슨 기도를 눈물로 아뢰고 있었을까요?
- 나도 그게 궁금했고 또 내가 도와주어야 할 부분이 있을지도 모른다고 생각하여 물어보았지. "우연히 들려와서 학생이 기도하는 소리를 잠깐 들었는데 울면서 기도하더군. 혹시 내가 뭐 도와줄 일이 있을지도 몰라서 묻는데, 울면서 기도해야 할 무슨 기도제목이 있나? 내게 말해 줄 수 있는지?" 하고 물었지.
- 왜 울었다고 하던가요?
- 학교에서 한 책상 쓰는 짝과 관계가 나빠진 것 때문이더라고.
- 짝과 갈등관계가 생긴 모양이네요?
- 그랬대. 아주 친하게 잘 지냈는데 한 번 말다툼하고는 이제 나란히 하루 종일 앉아 있으면서도 말도 안 하고 지낸대. 그런데 그게

매우 괴롭다는 것이야. 예수 믿는 그리스도인으로서 친구를 미워하는 자신이 밉다는 것이야. 먼저 화해의 손을 내밀고 싶은데 그것도 맘대로 안 된다는 것이야.

- 고등학생 때 흔히 있을 수 있는 일이지요? 특히 여학생들에게는.
- 몇 차례 그 일로 인하여 예배당에 와서 눈물로 기도하곤 했는데 아직도 해결되지 않아 오늘도 회개하고 눈물로 기도하긴 했지만 뭐 달라질 것이 있을지 확신할 수 없다고 의기소침하더라고. 그래서 내가 상담을 좀 하면서 격려했어.
- 어떻게 격려하셨는데요?
- "아마도 하나님께서 자네에게 매우 큰 선물을 하시려는 것 같네. 미워하지 말아야지 하면서 미워하게 된다는 말이지? 내가 먼저 손 내밀어야지 하면서 막상 만나면 고개가 돌아간다는 말이지?" 하고 물었더니 그렇대. 그래서 내가 "그런 경우는 죄의 세력에 자네의 영이 묶여 있고 자유를 누릴 만한 능력이 없기 때문이야. 그러나 절망하지 말아. 성령께서 도와주시면 미움이란 죄의 세력에서 해방될 수 있고, 짝에게 먼저 손 내밀 수 있는 자유를 누릴 수 있어. 그냥 돌아가지 말고 다시 예배당에 들어가 하나님께 적극적으로 기도드리게. 내게 성령을 부어 주시어 성령 충만하여 죄의 세력을 이기고 화해의 손을 내밀 수 있는 힘을 달라고 기도하게. 나도 기도해 줄게" 그렇게 격려했지.
- 그 학생이 다시 들어가 기도하던가요?
- 응, 그랬어. 내가 그를 축복하여 기도해 주었고, 그녀는 더 긴 시간

부르짖고 기도하더라고. 그러더니 다음 날 오후 늦은 시간에 다시 교회로 와서 기도하고 날 찾아 보고하더라고.
- 무슨 보고요?
- 어제 더 적극적으로 기도하여 성령의 은혜를 힘입게 되었대. 오늘 아침 그 짝을 보는데 전혀 밉지도 않고 고개가 돌아갈 필요도 없고 미소 지으며 그에게 다가가 사과하고 화해의 손을 내밀 수 있었다고, 너무 감사하다고 그러더라고.
- 그래서 화해가 이루어졌군요?
- 아니, 아직 아니래. 자기는 자유를 얻어 화해의 손을 내밀었지만 짝꿍은 아직도 묶여 있는지 피하고 눈을 돌리더래. 그렇지만 자기는 해방되었고 그를 얼마든지 사랑할 수 있을 것 같대. 화해되는 것은 시간문제일 거라 하더군.
- 여하튼 자신은 해방되었군요?
- 그렇다네. 잊지 말게. 자유케 하시는 성령님의 은혜를 알고 살아가게. 죄를 이기고 자유케 되는 삶을 누려야 하네.
- 죄를 이기는 자유가 대단한 자유이겠군요? 미움이라는 죄 말고 다른 죄도 이기게 되나요?
- 원리는 똑같은 것이야. 젊은이들이니까 공감이 될 듯도 하니 내 친구 이야기 하나 들려주어야 할 것 같군. 내 청년 시절 친구 이야기인데, 이 친구는 어려서부터 부모님을 따라 교회 다니던 친구인데 고등학교 시절부터 좀 비뚤어지게 나가기 시작했어.
- 어떻게 비뚤어지게 나가던가요?

- 공부는 안 하고 깡패들과 어울려 다니고 술집도 드나들고 나중에는 여자들과 여관도 드나들고.
- 아니, 교회 다니면서도 그리 막나가나요?
- 그러게 말이야. 부모 형제가 다 교회 다니니까 주일이면 교회는 나오는데 뒤로 생활이 개판이었던 것이야. 그런데 가족들의 기도도 있었을 것이고, 하나님이 그를 버려두지 아니하고 그에게 죄책감을 일으키셔 그가 눈물로 회개하는 일을 하게 된 것이야.
- 당연히 그리하시겠지요?
- 그런데 같이 놀던 여자들이 회개한 게 아니므로 유혹이 계속되자 또 넘어가고 죄에 빠져 살다가, 다시 하나님의 책망의 음성을 듣게 되면 혼자 밤중에 예배당에 와서 울며 회개하곤 하는데, 이게 한두 번이지 여러 번 반복되다 보니 이 친구가 절망에 빠진 것이야.
- 절망에 빠지다니요?
- 다시 성령의 책망하시는 소리가 들려오는데, 이제는 회개하겠다고 예배당으로 가지도 못하고 '죄를 회개하고 또 빠지고 회개하고 또 빠지는 이 인간은 소망이 없다, 차라리 죽는 게 낫겠다' 그렇게 절망하고는 농약을 마시고 자살을 시도하게 되었다네.
- 네? 그래서요 죽었어요?
- 다행히 지나가던 사람에게 발견되어 병원으로 옮겨지고 위장을 세척하고는 살아났어. 그 소식을 듣고 내가 병원에 문병을 갔었지. 그런데 여전히 절망하고 있는 거야. '나는 차라리 죽는 게 나은데 어찌 죽지도 못하고 살아있는지 원망스럽고 절망스럽다'고

한탄하더란 말일세.
- 어쩌면 좋지요?
- 내가 하나님께 감사한 것은, 아버지를 미워하다가 성령의 은혜로 회개하고 미워하지 않을 수 있는 자유를 경험하면서, 멀지 않아 그게 성령의 은혜라는 것을 깨닫게 된 것이었어. 그래서 이 친구가 절망한 게 회개하고 또 죄에 빠지고 반복되는 데에 대한 절망이기에, 성령의 충만한 은혜를 힘입으면 유혹도 이길 수 있는 능력이 성령께로부터 주어진다고 믿게 되었지.
- 그래서요?
- 그래서 그 친구에게 간절히 충고했어. "너 자살할 정도의 용기라면 목숨 걸고 금식하면서라도 기도하여 성령의 충만을 받으라. 그리하면 성령께서 유혹을 막아 주시기도 하고, 유혹과 시험을 이길 수 있는 능력을 주어서 유혹의 화살이 네 가슴을 뚫지 못하게 도와주시는 은혜를 누릴 것일세." 그렇게 격려하면서 퇴원하는 대로 기도원에 들어가서 작정하고 성령 충만을 위하여 기도하라고 권면했지.
- 그리하던가요?
- 그랬어. 퇴원하자마자 기도원에 들어가 40일 금식기도를 하고 성령 충만하여 나와서는 다시 그러한 성적 범죄에 빠지지 않고 승리하는 생활을 평생 누리더라고.
- 아, 성령께서는 그렇게 죄의 유혹에 넘어가지 않도록 도와주시기도 하는군요?

- 그렇다네. 하지만 조심하게. 성적인 유혹은 언제나 달콤하게 오는 것이어서 '나는 성령 충만하니 어떤 유혹도 이길 수 있다' 그리 말하며 유혹의 장소나 유혹의 미끼가 될 만한 곳에 가까이 가면 안 된다네. 유혹이 될 만한 것은 멀리하는 것이 중요하고 그런 노력을 하면서 성령님의 도우심을 간구하고 기도하여야 한다네.
- 유혹의 장소가 무엇일까요?
- 포르노 사이트나 그런 유흥적인 곳을 멀리해야 하지. 스스로 유혹이 있는 곳으로 가면서 이길 수 있다고 장담하는 것은 옳은 처신이 아니라네. 내가 강조하는 것은 **내가 죄를 짓지 않겠다는 의지를 가지며, 동시에 성령님을 모시고 살면 성령께서 어떤 죄악이라도 이길 수 있는 능력을 주신다**는 것일세. 우리는 연약한지라 잠깐 죄에 넘어가는 경우도 있기는 하지만, 정신 차리고 기도하며 성령 안에서 살아가면 죄를 이기는 능력을 누리게 되는 은혜가 있다는 것을 기억하고 승리하며 살자고.
- 아멘. 아멘.
- 그리고 조금 더 적극적으로 생각하면 사랑의 능력도 또 온갖 선함의 능력도 성령님께서 주시는 은혜야.
- 사랑도 선함도 성령님께서 주시는 은혜라고요?

사랑과 선함의 능력을 주시는 성령님

- 성경 갈라디아서에는 성령으로 사는 삶과 성령의 은혜가 아닌 사람의 타락한 육적인 삶을 대조적으로 이야기하면서 성령으로 사는 삶의 승리를 보여준다네.

> 갈 5:16-23 [16]내가 이르노니 너희는 성령을 따라 행하라 그리하면 육체의 욕심을 이루지 아니하리라 [17]육체의 소욕은 성령을 거스르고 성령은 육체를 거스르나니 이 둘이 서로 대적함으로 너희가 원하는 것을 하지 못하게 하려 함이니라 [18]너희가 만일 성령의 인도하시는 바가 되면 율법 아래에 있지 아니하리라 [19]육체의 일은 분명하니 곧 음행과 더러운 것과 호색과 [20]우상 숭배와 주술과 원수 맺는 것과 분쟁과 시기와 분냄과 당 짓는 것과 분열함과 이단과 [21]투기와 술 취함과 방탕함과 또 그와 같은 것들이라 전에 너희에게 경계한 것같이 경계하노니 이런 일을 하는 자들은 하나님의 나라를 유업으로 받지 못할 것이요 [22]오직 성령의 열매는 사랑과 희락과 화평과 오래 참음과 자비와 양선과 충성과 [23]온유와 절제니 이 같은 것을 금지할 법이 없느니라

- 이 말씀은 육체와 영이라는 이분법적으로 설명하는 것 같네요?
- 우리의 고깃덩이 육체와 영을 이분법적으로 이야기하는 것은 아니고, 여기서 육이라고 말할 때는 영적으로 거듭나지 못한 타락한 육적인 삶을 말하는 것이고, 영으로 산다는 것은 성령의 은혜로

영적으로 태어난 사람이 성령의 은혜 안에 사는 것을 말한다네.
- 그러니까 육적인 사람과 거듭난 사람의 차이로군요?
- 그렇지. 그래서 영적으로 사는 사람, 성령으로 사는 사람은 죄를 이기고 선함을 이루며 사랑의 능력을 가진다는 말이라네.
- 영적 진리라는 게 단순하지 않네요?
- 무슨 소리야, 단순하지. 타락한 채로 사는 것이냐, 성령으로 거듭나서 성령님과 함께 사는 것이냐의 차이야. 단순한 진리이지 않나?
- 거듭나지 못하여 타락한 육성으로 살게 되면 온갖 죄에 매여 살게 된다는 것이지요?
- 그렇지. "육체의 일은 분명하니 곧 음행과 더러운 것과 호색과 우상 숭배와 주술과 원수 맺는 것과 분쟁과 시기와 분냄과 당 짓는 것과 분열함과 이단과 투기와 술 취함과 방탕함과 또 그와 같은 것들이라" 한 것처럼 각양 죄에 매여 살게 되는 경우에 해당하지. 거듭나서 반대로 성령으로 살면 성령의 능력이 내게 임하므로 도리어 아름다운 선한 열매로 표현되는 거룩한 삶을 살게 된다는 말이야.

> 갈 5:22-23 [22]오직 성령의 열매는 사랑과 희락과 화평과 오래 참음과 자비와 양선과 충성과 [23]온유와 절제니 이 같은 것을 금지할 법이 없느니라

- 심지어 이 같은 열매를 금지할 법이 없다고 하네요?
- 그렇지? 성령의 능력 안에 살게 되면 그렇게 사랑과 화평과 인내와 자비와 양선과 충성과 온유와 절제의 삶을 산다는 말이지 않나?
- 거룩하게 산다는 것이 결국 성령의 능력으로 사는 것이군요? 사랑도 내게 진정한 사랑의 능력이 있는 게 못 되고 사랑의 영이신 성령이 내 안에서 역사하셔야 진정한 사랑도 할 수 있다는 말씀이고요?
- 그렇지, 완규가 이해한 대로지. 자네들 손양원 목사님 이야기 들어봤나?
- 아니요, 누구인데요?
- 6.25전쟁 직후 공산주의자들이 날뛸 때 손양원 목사님은 한센병 환자들을 돌보는 사역을 하고 계셨을 때인데, 공산주의자로 돌변한 마을 청년이 손양원 목사님의 두 아들(손동인, 손동신)을 처참히 죽였다지? 그런데 손양원 목사님은 그 청년을 용서하고 대신 아들을 삼게 되었다는 이야기로서 사랑의 화신으로 회자되는 분의 이야기지.
- 한센병 환자를 섬기는 사역을 하는 것도 보통 사랑의 능력이 아니면 안 될 텐데, 자기 아들을 죽인 청년을 용서하고 더군다나 양자로 삼는 일, 이거 보통 일은 아닌 것 같은데요?
- 그래, 우리에겐 그런 무조건적 사랑이 사실 없어. 이 사랑은 성령께서 손 목사님 안에 계셔서 사랑의 능력을 주신 것이야.

- 종종 그리스도인들이 인간의 상상을 뛰어넘는 선한 일, 사랑하는 일을 나타낸 이야기들이 많은데, 그게 사람에게서 나오는 사랑이 아니라 성령에게서 나오는 능력이라는 말씀 같네요?
- 그렇다네. 성령께서 모든 착한 능력을 우리에게 주신다는 말씀이라네. 그러니 우리는 성령으로 살아야 하고 성령의 교통하심 속에 살아야 한다네.
- 어떻게 하여야 성령과의 교통 안에 살지요?
- 어떻게는 뭘 어떻게야? 그렇게 살고 싶다고 사모하는 마음으로 기도하고, 또 성령의 감동하심에 순종하여 살면서 항상 성령님과 교통하며 살아야지.
- 하, 그거 사모하고 기도하여야 할 과제인데요?
- 하나님은 죄짓지 말라고 명령만 하는 하나님이 아니고 성령을 보내셔서 죄짓지 않고 살 수 있게 도와주시고, 사랑하라고 명령만 하는 게 아니고 성령으로 도와서 사랑하며 살 능력을 주신다는 은혜이니 얼마나 위대한 은혜인가? 높은 수준에서 살아야 하지 않겠는가?
- 그런데요. 예수 믿고 착해지는 것은 성령의 은혜로 착함의 능력이 생기는 것이군요.
- 그렇다네. 자 여기서 잠깐 쉬어갈까?

- 선생님, 저기 하얀 꽃이 피어 있어요. 무슨 꽃이지요?
- 산자고라는 꽃이라네. 꽃이 너무 예쁘고 구도도 좋은데 한 컷 카

메라에 담아야겠네.
- 방금 찍은 사진 한번 보여주세요.
- 엘시디로 보게나.
- 우와, 저는 꽃만 보고 감탄했는데 바다와 어울리게 잡은 구도가 정말 아름답군요?
- 그렇지? 바다와 하늘과 꽃의 어울림이 아름답지? 우리도 나의 의지와 성령님의 도우심과 교회 형제들의 더불어 누리는 교제 속에 살면서 거룩한 삶을 누릴 수 있어야겠네.

- 그렇네요. 우리의 삶이 한층 거룩한 삶으로 오르게 될 것을 기대하게 됩니다.

- 그런데 자네들, 만일 하나님 나라를 위하여 하나님이 자네들을 어떤 형태로든지 사용하신다면 기뻐하겠는가? 아니면 부담스러워하겠는가?

5. 사역의 능력을 주시는 성령님

- 그게 무슨 말씀이신데요? 우리보고 목사나 선교사가 되라고 하면 기뻐하겠느냐 그런 질문인가요?
- 아냐, 그런 질문은 아니고 무슨 직업을 가지고 살든지 상관없이 하나님 나라의 일에 쓰임 받는 것이야. 하기야 좋아하든 싫어하든 모든 그리스도인들은 하나님 나라의 일을 어느 형태로든 해야 하고, 또 그게 그리스도인의 특권이요 기쁨이기도 한 것인데 가장 기본적인 것을 예로 든다면 전도하는 일 같은 것이지.

전도의 능력을 주시는 성령님

- 전도해야 한다고요? 그것은 좀 부담스러운 일인데요?
- 내 그런 말 나올 줄 알았어. 왜냐하면 나도 전도라는 말이 나오면

쥐구멍이라도 찾고 싶을 정도로 전도를 힘들게 생각했지. 그렇지만 전도가 되게 한다면 기쁘지 않겠나?
- 힘들이지 않고 전도가 그냥 된다고요? 그렇다면야 즐거운 일이겠지만 저절로 전도되는 게 어디 있어요?
- 성경에 이런 약속이 있지.

> **행 1:8** 오직 성령이 너희에게 임하시면 너희가 권능을 받고 예루살렘과 온 유대와 사마리아와 땅끝까지 이르러 **내 증인이 되리라** 하시니라

"여기 내 증인이 되리라"고 말씀하지 않나? "증인이 되라"가 아니고 "증인이 되리라" 한 것은 단순히 되라는 명령이 아니라 되게 하리라는 약속이거든.
- 명령이 아니고 약속이라고요?
- 그렇지. 그런데 성령이 임하시면 우리가 권능을 받게 되고, 그 능력으로 증인이 되게 하신다는 것이야. 그러니 우리는 성령 충만을 받아서 성령이 내 안에 역사하면서 전도가 이루어지게 하시는 능력을 누리는 것이지.
- 성령께서 되게 하신다면야 성령 받고 증인이 되거나 전도하는 일이 되거나 하면 좋겠네요? 그건 사모할 일인 것 같습니다.
- '전도' 하니까 생각나는 사람이 하나 있네.
- 유명한 전도자인가요?
- 응, 유명한 전도자라고 해도 될 만하지. 미국 사람인데 스탠리 탬

이라는 장로님 이야기야.
- 목사님 이야기가 아니고 장로님 이야기라, 평신도 이야기로군요? 우리에게 적용이 가깝겠군요?
- 왜? 완규는 아예 목사 쪽은 생각 안 하나 보지?
- 어림도 없습니다.
- 스탠리 탬도 목사나 선교사는 아니라고 생각했다더군. 그리고 목사도 선교사도 아닌 채 회사 사장님으로 멋진 그리스도인의 삶을 살고 가신 분이지.
- 훨씬 공감이 가겠는데요?
- 그분은 젊어서 넉넉한 가정에서 자란 게 아니어서 고등학교를 졸업하고 바로 생업 전선에 뛰어들었대. 처음에는 방문 판매원으로 사회생활을 시작했다고 하더라고.
- 대학은 못 가고요?
- 그랬대. 그런데 방문 판매 다니다가 어느 아주머니로부터 복음 전도를 받고 예수 믿고 거듭나는 체험을 했대.
- 그 전에는 교회 안 다녔었나요?
- 교회에 적을 두고 있었나 본데 다니다 말다 했었나 봐. 하여튼 예수님을 만나고 나서 그는 하나님께서 원하시는 인생을 살고 싶다고 기도하기 시작했다네. 어떤가? 자네들도 하나님이 원하시는 인생을 살고 싶지 않은가?
- 물론 그렇습니다.
- 그렇게 하나님이 원하시고 또 가치 있는 인생을 살도록 인도해 달

라고 기도하는데, 하루는 그런 음성을 들려주시더래.
- 무슨 음성을요?
- 누가복음 15장 7절을 생각나게 하시면서 "내게는 한 영혼이 온 천하보다도 귀하단다. 이것을 네 인생의 가치로 삼고 살아라" 그렇게 말씀하시더래.

> 눅 15:7 내가 너희에게 이르노니 이와 같이 죄인 한 사람이 회개하면 하늘에서는 회개할 것 없는 의인 아흔아홉으로 말미암아 기뻐하는 것보다 더하리라

- 한 영혼을 구원하기 위하여 살아가라는 뜻인 것 같은데요? 전도자가 되거나 선교사가 되라는 말씀일까요?
- 그도 그런 생각을 하면서 하나님께 물었대. "절 보고 선교사가 되라는 것은 아니겠지요?"
- 왜 "아니겠지요?"라고 묻지요? "선교사가 되라는 말씀인가요?" 그렇게 묻지 않고?
- 스탠리 탬 씨도 선교사는 되고 싶지 않았던 게 아니겠나?
- 그래서요? 어찌 되었나요?
- 하나님께서도 그걸 물으시더래. "'왜 아니겠지요?'라고 묻느냐? 긍정적으로 '선교사가 되라고요?' 그렇게 묻지 않고?"
- 그래서 뭐라 대답했대요?
- "저는 선교사는 되고 싶지 않아서요"라고 대답했대. 그랬더니 또

물으시더래. "그럼 무엇이 되고 싶으냐?"
- 무엇이 되고 싶다고 했나요?
- 자기는 사업가가 되고 싶다고 대답했대. 그랬더니 하나님께서 기뻐하시면서 "좋다. 내가 네 사업에도 복을 주겠다. 그러나 여전히 '내게는 한 영혼이 온 천하보다도 귀하다'는 사실을 기억하고 네 사업 현장이 선교 현장, 전도 현장이 되게 하거라" 그렇게 확신시켜 주시더라는군. 그래서 선교사가 되라고 안 하시고 사업가 됨을 축복한다는 말에 너무 기뻐서 덜컥 서원 기도를 했다네.
- 무슨 서원 기도를 해요?
- "제가 내일부터 당장 방문 판매를 하더라도 반드시 하루 3명에게는 전도를 하겠습니다. 그리고 앞으로 사업을 하게 되면 반드시 영혼 구원을 위하여 할 수 있는 것을 찾아내서 하고 선교에 많은 것을 바치겠습니다." 그렇게 기도했다네.
- 그래서 매일 전도하게 되었나요?
- 응, 전도하는 일을 매일 노력했대. 그런데 한 달 하다 보니 지치더라는 거야.
- 왜 지쳐요?
- 한 달간 거의 100명에게 전도했는데, 그중에 예수 믿겠다며 결신하는 사람은 한 명도 안 나오더라는 거야.
- 한 명도 안 믿더라고요? 지칠 만도 하겠군요?
- 그래서 매일 3명 이상에게 전도하겠다고 서원 기도한 것이 후회스럽고 스트레스를 받게 되고 미치겠더라는 것이야. 그래서 견딜 수

가 없어서 작정하고 금식기도를 하게 되었대.

- 금식기도를요? 며칠이나요?
- 일주일 작정했다는군. 미국에는 기도원 같은 게 거의 없으니 호텔 방을 하나 빌려 가지고 들어가면서 자기는 청소 안 해도 되니 방해하지 말고, 손님도 안 만날 것이니 누가 찾아와도 들여보내지 말고, 매일 물만 문 앞에 갖다 놓으라고 하고는 금식하며 부르짖고 기도했다네.
- 무슨 내용의 기도일까요?
- "하루 세 명씩 전도한다는 제 서원 기도를 철회하는 것을 허락하시든지, 아니면 전도하면 믿는 결신자가 나오게 되도록 성령의 능력을 부어주시든지 해달라"고 부르짖어 기도했다는군. 그러다가 마침내 작정 기도 마지막 날이 되었대. "하나님, 오늘이 작정 기도 마지막 날입니다. 오늘 성령을 부어 주시지 않으면 저는 이제 전도하지 않겠습니다." 그러면서 마지막 힘을 짜내어 부르짖는데 불이 내리더래.
- 불이 내리다니요? 불이 어디서 어디로 내려요?
- 그분이 직접 그런 표현을 쓰더라고. 성령의 불이 임한 것이지. 그런데 실제로 불을 받은 것처럼 온몸이 뜨거워서 못 견딜 정도로 불 체험을 했다고 하더라니까.
- 그런 체험도 있어요? 겁이 날 것 같기도 하고 신이 날 것 같기도 한데요?
- 모든 사람이 육체까지 뜨겁게 느끼는 경험을 하는 것은 아니야.

5. 사역의 능력을 주시는 성령님　59

나도 그런 경험은 없어. 그러나 영적으로 내적으로 불같이 타는 강렬한 믿음과 열정을 경험하는 경우가 많지. 하여튼 그분은 그렇게 불 체험을 한 후 너무 기쁘고 확신이 들고 자신감이 고조되었고, 그다음 날부터는 전도하면 그냥 자연스러운데 듣는 사람이 감동을 받으며 예수 믿겠다고 하는 결신을 하는 확률이 높아지더래. 100명 전도하면 40 내지 50명이 예수 믿는 결신이 일어나더래. 그때부터는 전도가 어려운 스트레스가 아니라 감격스러운 행복이 되더라는 거야.
- 아, 성령께서는 전도의 능력을 주신다는 말씀 하시려고 그 이야기 하시는 것이지요?
- 그렇지. 그래서 우리는 성령과 교통하는 삶을 살아야 하고, 성령님과 함께 살다 보면 전도도 자연스럽게 이루어지는 것이지.
- 그 스탠리 탬 씨는 나중에 사업가로도 성공했겠지요?
- 물론이지. 대단한 성공을 했고, 그분은 자기 사업체가 벌어들이는 이익금의 51%를 선교사업에 헌금해서 세계 여러 나라에 선교사업을 하도록 지원하는 일도 했다네.
- 51%나 선교비로 헌금했다고요?
- 응, 아예 선교 재단을 만들어서 51%는 자동적으로 그 재단으로 넘어가게 해서 세계 선교를 후원했어. 그의 선교 자금이 한국에도 한때 들어와서 한동안 내가 그 선교 자금을 관리하는 일을 담당하기도 했었다네.
- 선생님이 그분과 함께 선교사역을 했다고요?

- 그랬어. 그분이 한국에도 와서 여러 차례 간증 집회도 했는데 내가 통역도 하면서 그분의 삶을 느껴보기도 했지. 참으로 훌륭한 장로님이었음을 기억하고 있네.
- 사업을 하면서 더 크게 하나님 나라 일에 쓰임 받을 수도 있겠군요?
- 그렇지? 완규도 동주도 기도하면서 하나님께 쓰임 받는 위대한 인생을 누려 보게나.
- 네, 가슴이 뛰는 꿈들이 움트는 것 같습니다.

성령님과 함께 인생 경영하기

- 그런데 더욱 감사한 것은, 성령님은 사역만 도와주시는 것이 아니라 우리의 모든 인생 경영, 사업 경영도 도와주신다는 사실이네.
- 사업 경영까지 도와주신다고요?
- 응, 우리의 모든 인생 과정에 함께하시는 분이니까. 자네들도 성령님과 늘 교통하며 살고, 성령님의 지도와 이끄심을 구하고 함께 가야 한다네. 자네들, 본죽 사 먹어 본 적 있나?
- 물론입니다. 몸살 나고 소화가 안 되는 때가 있었는데 어머님이 본죽을 사와서 잘 먹고 살아났던 적이 있습니다.
- 저는 자주 먹습니다. 식사 한 끼 충분히 되던데요? 그런데 왜 갑자기 본죽을 물으시는지요?
- 본죽 이사장인 최복이 씨가 독실한 그리스도인이지. 한번은 그분

이 CGN TV에 나와 인터뷰하는 것을 보게 되었어. 그분은 원래 국문과 출신 시인이래. 그런데 남편이 경영하던 회사가 부도가 나고 망하면서 자신도 생업전선에 뛰어들게 되었는데, 자본이 없어 소자본으로 시작할 수 있을 것 같아 죽을 만들어 팔기 시작했다고 하더라고.

- 국문과 출신 시인이 생활고 생존 문제 해결을 위해 죽 장사를 시작했다고요? 그런데 굉장히 성공했지 않나요? 제가 알기로는 한국에서 요식업 가운데 본죽만큼 많은 체인점을 가지고 있는 데가 없다고 들었는데요?
- 미국, 중국, 일본 등 해외 체인점도 많다던데요?
- 본죽이 큰 기업이 된 것은 다들 알고 있구먼? 그런데 그 인터뷰에서 사회자가 질문하더라고. 성공 비결이 무엇이냐고.
- 성공 비결이 무엇이라고 하던가요?
- 나는 어느 선교사가 대답하는가 싶었어. 세 가지를 꼽는데 사명, 비전, 성령 충만이라고 하더라고.
- 사명이라고요? 무슨 사명감이었다고 하던가요?
- 자기 남편 회사가 넘어지니까 자기네만 망한 게 아니라 거기 딸린 직원들 수백 명이 실직자가 된 것이 그렇게 애통하고 책임감을 느끼게 되었대. 그래서 자기는 수많은 인생과 가정이 함께 복을 받을 수 있는 기업으로 성장하기를 기도했대. 말하자면 기업을 키워서 많은 사람과 복을 나누어 받고 누리게 하는 기업가가 되어야 한다는 사명감을 가지고 기도하면서 사업했다는 거야.

- 와우, 사업도 사명감으로 해야 하는군요. 비전은 무슨 비전이었나요?
- 기왕 하는 사업을 통하여 하나님이 영광 받으시게 하고 세계선교에 보탬이 되는 기업을 일으키고 세우는 비전이었다네. 그래서 그는 지금 두 가지 재단을 설립하고 섬긴다는 것이야.
- 두 가지 재단이 무엇인데요?
- 하나는 본 사랑재단, 하나는 본 선교재단. 사랑재단은 이 세상의 굶주리고 병들고 집 없는 사람들을 도와주는 재단이고, 선교재단은 온 세상에 선교하는 일을 지원하고 돕는 재단이라네.
- 돈이 없어 죽 장사를 시작하면서 큰 비전을 가지고 기도하고 했던 모양이네요?
- 그랬나 봐.
- 성령 충만은 무엇이고, 왜 그렇다고 하던가요?
- 자기의 사업이 성공할 수 있는 것은 성령 충만하여 성령님과 교통하는 것이 아니면 불가능하다고 말하더라고. 성령님과 교통하며 사업 전략을 논의하고 경영 전략을 지도받아서 성공했다는 거야.
- 성령께서 사업 경영 전략도 가르쳐 준다고요?
- 그렇대. 우선 죽 장사 시작한 첫 한 해는 별다른 이득이 없었대. 그런데 기도실에 들어가 죽을 어떻게 만들면 사람들이 좋아하며 사 먹게 될까 생각하면서 기도하다 보니 성령님이 아이디어를 주시더래. 그래서 일단 15가지 죽을 만들게 되었고, 서서히 죽이 환자식으로만이 아닌 직장인들 아침 식사, 심지어 점심 식사나 저녁

식사로도 인기를 얻기 시작하고, 본격적인 식사 메뉴로 자리잡아 가면서 사업이 번창하게 되었다지. 지금도 사옥에는 기도실이 별도로 만들어져 있고, 그곳을 그는 워룸(war-room)이라 부르며 자주 들어가서 성령님과 의논한다는군.
- 기도실을 워룸이라고 명명한다고요? 워룸이란 전쟁 시에 지휘관이 참모들과 작전 회의하는 곳을 워룸이라고 하지 않나요?
- 맞아, 군대 다녀와서 워룸이라는 말 정도는 알아듣는구먼. 워룸에 들어가 누구와 작전회의를 하겠나?
- 임원들하고 들어가나요?
- 혼자 들어간대. 거기서 성령님과 작전회의를 한다네.
- 그래서 성령 충만이 성공 비결이라고 하는군요?
- 그렇다네. 자네들, 젊어서 예수 믿고 성령님과 교통하는 축복을 누리는 하나님의 자녀들이 된 것을 감격하면서, 성령님과 소통하고 성령님의 지도를 받아 인생을 잘 경영들 하시게나.
- 성령께서 사업 경영도 지도해 준다는 성경 말씀도 있나요?
- 성령께서 직접 그렇게 해 주신다는 단어는 없지만, 성경에는 수없이 경영 지도에 대한 약속이 있지. 다음 성경구절을 보라고.

시 37:5 네 길을 여호와께 맡기라 그를 의지하면 그가 이루시고

잠 16:3 너의 행사를 여호와께 맡기라 그리하면 네가 경영하는 것이 이루어지리라

신 8:18 네 하나님 여호와를 기억하라 그가 네게 재물 얻을 능력을 주셨음이라 이같이 하심은 네 조상들에게 맹세하신 언약을 오늘과 같이 이루려 하심이니라

- 성령님과 교통하는 인생이 되면 성령님께서 인생 경영, 기업 경영의 지혜와 능력을 주시겠군요?
- 그렇다네.
- 저도 성령 충만한 사람이 되기를 위하여 기도해야겠어요.
- 완규도 동주도 성령 충만하여 인생 전체를 성령님의 지도와 인도를 받아 성공들 하게나. 한번은 내가 홍콩 엘림한인교회에서 부흥회를 인도한 적이 있는데, 그 교회 성도들은 아주 뜨겁게 기도하는 분들이 많더라고. 기도 많이 하고 성령 충만한 삶을 사는 사람들이 많더란 말이야.
- 얼마나 기도를 열심히 하는데요?
- 그 교회 집사님들은 대부분 새벽기도 나오고, 새벽기도에 오면 설교만 듣고 기도 몇 분 하고 가는 게 아니라 한 시간씩 개인기도를 하고 간다더라고. 그런데 홍콩에서도 한창 경제 위기가 닥친 적이 있어 많은 사람들이 실직하게 되는 일들이 있었는데, 그 교회 집사님들은 실직자 한 명 없이 오히려 대부분 승진하였다는 간증들을 하더라고.
- 다른 사람들은 실직하는데 그 교회 사람들은 진급해요?
- 그랬대. 기도하고 성령님과 깊이 교통하니 맡은 바 직무 경영에 최

적의 지혜를 가지게 되더래. 그래서 사업에 보탬이 되는 사원들이 되니 아무리 경제 위기가 와도 승진시키게 되더라는 것이야. 심지어 어느 은행 직원 집사님은 기도하다 보면 돈이 어디서 와서 어디로 흐르는지 그 길을 알게 된다는 거야. 그래서 그 흐름을 따라 투자하면 수익금을 낸다고 해. 그렇게 해서 자기네 부서는 어려운 경제 위기 속에서도 언제나 흑자를 냈다는 거야. 그러니 진급시켜 주더라는 것이지. 성령님과의 교통이 하나에서 열까지 얼마나 복이 되는지 알겠나? 자네들도 성령님과 교통하는 삶을 누려야 한다네.

- 네, 저는 사업가 기질이 있어서 안 그래도 사업가로 성공하여 사회에 기여하고 싶다는 생각을 하고 있었는데 가슴이 뜁니다. 성령님과 사업 전략을 논의할 정도로 기도하고, 성령 충만하여 늘 성령님과 교통해야겠다고 다짐하는 마음입니다.
- 완규가 오늘 점심은 쏘아야 할 것 같군.
- 문제 없습니다. 오늘은 점심을 쏘지만 머지않아 더 많이 쏠 것입니다. 수많은 사람을 먹여 살리는 기업가가 되겠습니다.
- 가슴 뿌듯해지는 이야기이군. 동주도 그리 되겠지?
- 물론입니다.
- 그러니 "성령의 교통하심"이라는 축복이 얼마나 큰 것인가? 성령과 교통하는 삶으로 우리 모두 승리하기로 기도함세.
- 아멘.

읽는 양육서/신앙의 기초 3

성령의 교통하심

1판 1쇄 인쇄 _ 2021년 11월 10일
1판 1쇄 발행 _ 2021년 11월 20일

지은이 _ 이강천
펴낸이 _ 이형규
펴낸곳 _ 쿰란출판사

주소 _ 서울특별시 종로구 이화장길 6
편집부 _ 745-1007, 745-1301~2, 747-1212, 743-1300
영업부 _ 747-1004, FAX 745-8490
본사평생전화번호 _ 0502-756-1004
홈페이지 _ http://www.qumran.co.kr
E-mail _ qrbooks@daum.net / qrbooks@gmail.com
한글인터넷주소 _ 쿰란, 쿰란출판사
페이스북 _ www.facebook.com/qumranpeople
인스타그램 _ www.instagram.com/qrbooks
등록 _ 제1-670호(1988.2.27)
책임교열 _ 송은주·신영미

ⓒ 이강천 2021 ISBN 979-11-6143-620-3 94230
　　　　　　　　　979-11-6143-617-3(세트)

책값은 뒤표지에 있습니다.
이 출판물은 저작권법에 의해 보호를 받는 저작물이므로 무단 복제할 수 없습니다.
파본(破本)은 구입처에서 교환해 드립니다.